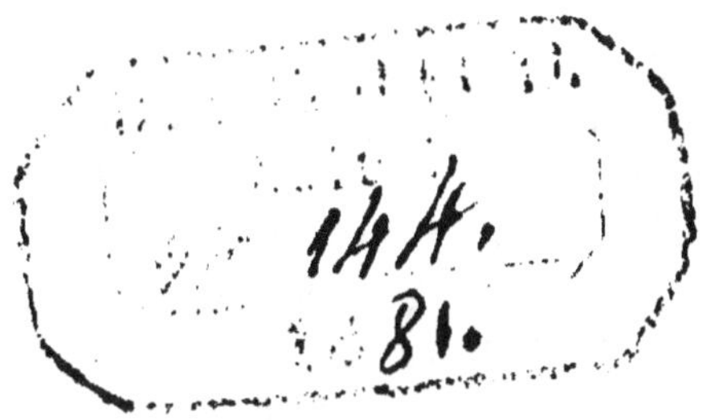

LA

POLITESSE

DU JEUNE AGE

LA POLITESSE

DU JEUNE AGE

A L'USAGE

DES MAISONS D'ÉDUCATION DES DEUX SEXES

PAR

Mme la Comtesse de BOISSIEUX

Auteur du *Cours abrégé du style épistolaire* et du *Nouveau Manuel du Savoir-vivre*.

DEUXIÈME ÉDITION

PARIS

J.-ÉLIE GAUGUET, LIBRAIRE-ÉDITEUR

36, RUE DE SEINE, 36

1882

TABLE DES MATIÈRES

QU'EST-CE QUE LA POLITESSE?

Comprenez bien, chers enfants, ce que nous entendons par *politesse?*

La politesse, qu'on appelait autrefois *civilité, bienséances*, n'est autre chose que la *bonne éducation*, c'est-à-dire l'art d'être aimable, gracieux, bienveillant pour tout le monde; de rendre à chacun ce qui lui est dû de respect, d'honneur, de tendresse, de condescendance.

La politesse a été définie avec beaucoup de vérité et de sagesse: *la manifestation extérieure des vertus chrétiennes.*

Chacun de vous, mes enfants, a étudié le Catéchisme et a compris combien Dieu est puissant, et combien il a été bon en nous créant à son image et à sa ressemblance.

Vous savez aussi qu'il vous a mis au monde pour le connaître, l'aimer et le servir.

De cette obligation découlent tous vos autres devoirs.

En effet, Dieu, n'étant pas visible à nos yeux, a voulu que nous trouvions autour de nous les représentants de son autorité, et il a transmis une partie de sa puissance et de ses droits à nos parents, à nos maîtres, à nos supérieurs, que nous devons aimer et honorer.

De plus, il n'a pas voulu que nous vivions isolés dans le monde, et il a réglé, par des lois toutes divines, nos rapports avec les autres hommes, qu'il nous ordonne d'aimer comme nous-mêmes.

Enfin, parce qu'il nous a créés à son image, il veut que nous respections en nous-mêmes la sainteté et la dignité de cette divine ressemblance ; et parce qu'il nous destine à partager sa gloire et son bonheur dans le Ciel, il a voulu nous laisse la liberté et le mérite de conquérir ce bonheur en combattant nos défauts et en pratiquant la vertu.

Delà quatre sortes de devoirs bien distincts :
1° Devoirs envers Dieu ;
2° Devoirs envers la famille ;
3° Devoirs envers soi-même ;
4° Devoirs envers la société.

De notre exactitude à remplir ces devoirs dépend non-seulement notre propre bonheur, mais, le croiriez-vous, mes enfants, le bonheur de la famille, de la patrie, de la société tout entière.

Chacun de vous, en effet, apporte sa part à l'œuvre commune, et pendant que le plus jeune enfant contribue, par son obéissance, son application, sa douceur à l'union et à la joie de sa famille, cette famille peut, si humble qu'elle soit, contribuer par ses recettes, son travail, son dévouement, à assurer l'honneur, la fortune, la grandeur du pays.

Et ainsi tout s'enchaîne si admirablement dans la société chrétienne, qu'on peut dire en toute vérité que le bonheur de tous est le résultat de la bonne volonté, des efforts, des qualités de chacun.

—

PREMIÈRE PARTIE

DEVOIRS ENVERS DIEU

I

La Prière.

En vous éveillant, mes petits amis, que votre première pensée soit pour Dieu. Offrez-lui, dans une courte, mais fervente prière, votre cœur, vos actions, votre bonne volonté, et demandez-lui de vous bénir.

Priez ensuite votre Ange gardien et votre saint Patron de vous aider à être fidèle à vos bonnes résolutions. Cela s'appelle donner son cœur à Dieu.

Il s'agit maintenant de la prière du matin. Dès que vous serez habillés, et avant de quitter votre chambre, vous vous agenouillerez près de votre lit, vous vous recueillerez quelques instants et vous réciterez bien posément votre prière, telle qu'on vous l'a apprise à l'école ou au catéchisme.

Ne remettez jamais à un autre moment ce devoir le plus essentiel de tous, puisqu'il a pour objet de faire descendre les bénédictions du Ciel sur tous les actes qui le suivront pendant la journée.

Et de même le soir, quand vous aurez rempli tous les devoirs du jour, votre dernière pensée sera pour Dieu. D'abord dans la prière du soir, que vous réciterez à genoux, et à laquelle vous ajouterez une petite revue de votre conduite, de vos pensées de la journée ; c'est ce qu'on appelle l'examen de conscience.

Puis vous vous coucherez, et, dans votre lit, avant de vous endormir paisiblement, vous élèverez votre cœur une dernière fois vers le bon Dieu.

Il est bien entendu, chers enfants, que pendant ces prières, faites isolément ou en commun, votre attitude doit être respectueuse et recueillie. Quand vous parlez à Dieu, ce n'est pas seulement à un père que vous vous adressez, c'est à votre créateur, à votre souverain maître ; ne l'oubliez pas, et rendez-lui tous les hommages d'honneur et de respect qui sont en votre pouvoir.

II

Le Dimanche.

Vous savez, mes enfants, que le temps se mesure par années, que les années se subdivisent en mois et les mois en semaines de sept jours.

Or, Dieu a réservé pour son service spécial le dernier de ces sept jours, en mémoire du repos qu'il prit après les six jours de la création.

Dans la loi ancienne, ce jour du repos était le samedi, et se nommait le sabbat. Il astreignait à un repos si complet qu'il était interdit même de faire cuire ses aliments ; on préparait la veille tous les mets et on les mangeait froids. On suspendait toute occupation, tout soin de ménage, au point de ne toucher ni à un balai ni à un plumeau. La loi chrétienne, toute de bonté et d'amour, a atténué la rigidité de cette observance du sabbat ; elle se borne à nous défendre les œuvres serviles, c'est-à-dire tout travail qui fait vivre ou gagner de l'argent. Elle nous oblige en outre à rendre ce jour-là à Dieu un hommage tout particulier de prières et de bonnes œuvres, parmi lesquelles l'assistance à la messe est de rigueur.

Aucune loi de l'Église n'est aussi souvent transgressée que celle-là, et il vous arrivera souvent, mes enfants, de recevoir à cet égard les plus funestes conseils, les plus tristes exemples. Prenez garde d'y céder. Soyez d'ailleurs convaincus que cette loi divine est, comme tout ce que le Seigneur a ordonné, un bienfait pour nous. De même, en effe., qu'après une journée de labeur l'homme a besoin du repos et du sommeil de la nuit pour réparer ses forces, ainsi, après six grands jours de travail, de préoccupations, d'affaires et de négoce, le repos du dimanche est indispensable à notre esprit et à notre corps fatigués.

Respectez donc toujours la sainteté du dimanche ; que Dieu en ait sinon la plus grande, du moins la meilleure part ; et le soir, heureux de l'emploi de votre temps, vous remercierez le bon Dieu de l'institution du dimanche, qui donne aux hommes la faculté de se réunir pour le louer, et qui, de plus, procure à toute la nature un repos salutaire ; car, si l'homme ne travaille pas, son bœuf, son cheval ne travailleront pas non plus ; la terre se reposera de même, et toute la création partagera ainsi la joie de l'humanité, chantant les louanges du Seigneur.

1.

Enfants, vous grandirez; un jour vous aurez une famille, des serviteurs peut-être à gouverner; souvenez-vous alors du conseil que nous vous donnons aujourd'hui, et si vous voulez que votre maison prospère, que vos champs, bénis de Dieu, aient de belles moissons, que vos entreprises réussissent, ne tolérez jamais que la sainteté du dimanche soit profanée chez vous !

III

Bonne tenue à l'Église.

Le dimanche donc vous amènera à l'église, pour le moins le matin, à la messe, et, autant que possible, aux offices de l'après-midi.

Que vous vous y rendiez seul, que vous y accompagniez vos parents, ou que vous y alliez avec l'école, vous devez y apporter un esprit de recueillement et de respect qui se manifestera par votre bonne tenue.

Vous ouvrirez et refermerez la porte le plus doucement possible, non-seulement pour ne pas troubler les fidèles qui prient, mais surtout par respect pour la présence divine au saint tabernacle.

Si vous accompagnez une personne à qui vous devez des égards, maintenez la porte ouverte jusqu'à ce que cette personne soit entrée; puis vous la précéderez au bénitier pour lui offrir de l'eau bénite, que vous prendrez du bout des doigts de la main droite dégantée, et que vous présenterez en vous inclinant légèrement.

Si l'office est commencé et que vous ne

puissiez gagner votre place sans causer de dérangement, vous resterez au bas de l'église, évitant avant tout de troubler en quoi que ce soit le service divin.

A ce sujet, laissez-moi vous donner un conseil : gardez-vous de cette impardonnable négligence qui porte tant de gens à arriver les derniers à l'église. *Si l'exactitude est la politesse des rois*, elle est aussi le devoir et le besoin de tout cœur aimant et empressé, et, à ce titre, qui plus que Dieu y a droit de votre part ?

Rendez-vous sans bruit à votre place, et, si sur votre passage vous avez à devancer quelqu'un, faites-le poliment, avec un seul mot d'excuse dit à voix basse.

Rencontrez-vous des parents, des amis, saluez-les modestement, mais sans contrainte. Dieu ne veut dans sa demeure que des cœurs satisfaits, des traits épanouis; il repousse toute crainte servile, toute dévotion scrupuleuse et morose; c'est en enfants et non en esclaves que vous devez venir à lui.

Ne parlez dans l'église que lorsque la charité vous en fera un devoir; ainsi, pour indiquer l'office à un camarade, pour vous informer si une personne qui paraît indisposée a besoin de vos services, pour donner un conseil officieux à un petit compagnon qui se tient mal, et autres occasions du même genre.

Evitez d'aller et de venir dans l'église, et, une fois à votre place, n'en bougez plus à moins de motifs graves.

Que vous donniez ou ne donniez pas à la

quête, inclinez-vous poliment devant la personne quêteuse. Si votre chaise gêne son passage, n'attendez pas que le suisse vous dise de la ranger, mais empressez-vous de faire place.

Pendant le sermon, tenez-vous droit sur votre siége, l'oreille attentive et le regard fixé sur la chaire.

Pendant l'office, suivez exactement tous les mouvements indiqués par le cérémonial de l'Eglise, et, si vous jugez quelquefois convenable de rester à genoux quand la plupart des fidèles s'asseyent, ne demeurez jamais assis quand il est indiqué de s'agenouiller.

Avant de vous retirer, demeurez quelques instants en adoration devant le Saint-Sacrement, et retirez-vous ensuite immédiatement, sans précipitation et sans bruit.

IV

Respect pour Dieu et pour la Religion.

Hélas! chers enfants, vous n'avez que trop souvent peut-être entendu déjà autour de vous ces propos railleurs et impies qui, à coup sûr, frapperont plus d'une fois dans l'avenir vos oreilles, et qui s'attaquent à Dieu, à son culte, à ses saints, à la morale chrétienne.

Je ne vous prémunirai pas contre cette offense qui est, en même temps qu'une impiété odieuse, un manque complet de convenances; je sais que je m'adresse ici à des enfants chrétiens, qui savent le respect qu'ils doivent à Dieu, mais je vous dirai ce que vous devez faire en pareilles occasions.

Si vous avez quelque autorité sur les personnes qui parlent, vous devez leur imposer silence sur-le-champ. Si, au contraire, et c'est l'ordinaire à votre âge, il ne vous est pas possible d'intervenir, témoignez par un silence désapprobateur toute votre indignation, et si la conversation continue, retirez-vous.

Quant à vous, pesez soigneusement toutes vos paroles, afin qu'il ne vous en échappe aucune dont puisse s'offenser la majesté divine.

Ne craignez pas de témoigner de votre foi, et repoussez ce terrible ennemi de Dieu et de la vertu qu'on appelle le respect humain.

Ne vous mêlez pas aux discussions religieuses : vous n'avez pour cela ni autorité, ni instruction suffisantes ; bornez-vous à répondre aux questions qui pourraient vous être faites par le texte même de votre Catéchisme, et à édifier, par votre conduite, ceux qui ne croiraient pas à la sainte influence de l'amour de Dieu.

V

Aimez Dieu de tout votre cœur.

Que de choses j'aurais encore à vous dire, mes très-chers enfants, si je voulais épuiser ce grand sujet des devoirs de l'homme envers Dieu ! Mais comme, à cet égard, les enseignements et les bons conseils ne vous manquent pas, je me borne à résumer tous ces devoirs en un seul commandement, commandement divin qui, selon les paroles mêmes du Sauveur Jésus, contient toute la loi : *Aimez le Seigneur votre Dieu de tout votre cœur, et votre prochain comme vous-même.*

Cette seconde partie du commandement divin nous conduit naturellement à la seconde partie de ce petit livre : les devoirs envers le prochain et tout d'abord envers la famille.

————

DEUXIÈME PARTIE

—

DEVOIRS ENVERS LA FAMILLE

I

Amour filial.

Ton père et ta mère tu honoreras, a dit le Seigneur, et il a placé ce commandement immédiatement après ceux qui traitent de son propre service.

C'est qu'en effet, après Dieu, ce que vous devez le plus respecter et bénir, c'est votre père, votre mère ; car c'est à eux, mes chers enfants, que vous devez non-seulement la vie du corps, mais encore et surtout la vie de l'âme et celle du cœur. N'est-ce pas eux qui ont guidé vos premiers pas, eux qui vous ont appris à connaître Dieu, à aimer le bien, à fuir le mal ?

Dites-moi, chers petits amis, pendant que votre bon père se fatiguait au travail pour gagner votre existence, qui veillait sur votre berceau, qui apaisait vos cris, qui vous endormait dans ses bras, qui travaillait avec ardeur pour vous couvrir de vêtements bien chauds, qui, si ce n'est votre bonne mère ?

Et maintenant pourquoi votre père redouble-t-il d'efforts et de travail ? Pourquoi votre mère reste-t-elle le soir plus tard qu'autrefois à tricoter ou à coudre auprès de la lampe? Pourquoi économisent-ils tous deux avec tant de persévérance? C'est qu'ils veulent à tout prix vous donner de l'instruction, vous tenir à l'école.

Ah! que vous devez les chérir, ces bons parents, et avec quelle ardeur, vous aussi, vous devez travailler pour profiter de leurs sacrifices et vous rendre dignes de tant de tendresses!

II

Respect et soumission pour les parents.

Mais ce n'est pas tout que d'aimer ses parents, il faut leur prouver cet amour. Ce n'est pas tout que de comprendre et d'apprécier leur tendresse et leur sollicitude, il faut reconnaître ces soins en rendant en échange respect, soumission, confiance.

Tout cela est compris dans ce mot *honorer*, dont le Seigneur se sert dans le quatrième commandement, où il ne parle pas seulement du père et de la mère, mais encore de tous les parents qui constituent la famille : j'entends un grand-père, une grand'mère, si l'on a le bonheur de vivre près d'eux; les oncles, les tantes, en un mot tous les parents plus âgés et ayant autorité sur vous.

C'est là la famille, et rien ne doit être plus sacré que les liens et les devoirs qu'elle impose.

L'affection doit être la cause de ces devoirs; mais à cette affection doivent se joindre le respect, la docilité, les égards de toutes sortes : prévenances, attentions, petits soins, humeur égale, manières honnêtes, polies, réservées.

Et ainsi vous serez la joie et la gloire de ces bons parents qui vous chérissent si tendrement; et Dieu vous bénira, et le monde luimême vous estimera et vous honorera.

III

Les frères et sœurs.

Mais la famille ne se compose pas seulement des *ascendants*; il y a encore d'autres êtres bien chers, qui sont vos égaux et auxquels vous ne devez pas moins d'amour qu'à vos autres parents, bien que cet amour ne porte point les mêmes caractères.

Je veux parler des autres enfants qui partagent avec vous la sollicitude de vos parents, et qui, sous le nom de frères et de sœurs, sont en quelque sorte d'autres vous-mêmes

Ici, le devoir change de forme, mai il n'est pas moins essentiel à l'entente, à la concorde, au bonheur.

Ici, il ne s'agit plus d'obéissance, de soumission, à moins cependant qu'une grande différence d'âge n'élève l'aîné au-dessus des autres; mais à leur place doivent régner la douceur, la condescendance, la bonté.

Dans ce monde rien n'est parfait, et si nous ne nous passons pas réciproquement nos défauts, nous ne trouverons ni paix ni repos autour de nous.

De quel droit, en effet, exigeriez-vous que votre frère vous passât aujourd'hui votre mauvaise humeur, si hier vous n'aviez pas supporté la sienne ?

Vous êtes vif et bruyant, votre sœur est

douce et paisible; si elle ne consent pas à forcer un peu sa nature pour partager vos jeux, et si, d'autre part, vous ne vous modérez pas un peu pour ne point l'effaroucher, vous perdrez en querelles, en bouderies, le temps que vous auriez pu employer agréablement, et certes vous n'y gagnerez ni l'un ni l'autre.

Je ne vous dirai pas : aimez vos frères et sœurs, ce serait recommandation inutile, car il faudrait être un monstre pour ne pas s'aimer entre frères; mais j'insiste pour que vous soyez doux et conciliants, patients et polis entre vous; j'insiste, dis-je, parce que je sais, hélas! que trop d'enfants, qui au fond s'aiment bien, se rendent cependant la vie bien difficile, et cela pour des riens; leurs parents en sont malheureux et eux-mêmes se préparent ainsi pour l'avenir une vie sans véritable union et, par conséquent, sans forces contre les peines et l'adversité, sans joie et sans appui moral.

Ne vous bornez donc pas à vous aimer, mais attachez-vous à vous témoigner cette affection par des formes douces et polies, par des attentions et des concessions réciproques.

IV

Devoirs envers les maîtres et les maîtresses.

Le pensionnat ou l'école peut être considéré comme une extension de la famille, et les maîtres et les maîtresses auxquels les parents délèguent une partie de leur autorité en leur confiant le soin d'instruire et d'élever leurs enfants, deviennent ainsi les représentants du père et de la mère, et ont droit, à ce titre, si—

non à la même tendresse, du moins à la même reconnaissance, au même respect, à la même soumission, à la même confiance ; voilà pourquoi nous faisons rentrer dans les devoirs envers la famille tout ce qui les concerne.

Nous dirions presque que l'enfant doit encore plus de reconnaissance et de docilité à ses maîtres qu'à ses parents ; ceux-ci, en effet, sont portés par un sentiment naturel à se dévouer pour leurs enfants ; les maîtres, qui sont tout à fait étrangers à leurs élèves, qui ne leur doivent strictement que l'enseignement et qui y ajoutent cependant tant de sollicitude et de soins, ont bien droit à être récompensés par l'affection et la reconnaissance des enfants.

Les cœurs généreux, pour si jeunes qu'ils soient, comprennent si bien cela qu'on raconte qu'une petite princesse, qui avait un caractère bien difficile et une humeur fort impérieuse, ne parvint à se corriger de ce défaut que lorsque sa gouvernante eut eu la pensée de recourir à ce raisonnement : « Ah ! madame, que pensera-t-on des personnes qui vous ont élevée si vous ne vous corrigez pas de vos défauts ? »

Cette idée, que le seul moyen de faire rendre justice aux soins de ses maîtresses était de profiter de ces soins, agit si puissamment sur l'âme reconnaissante et généreuse de l'aimable enfant, qu'aucun effort pour se vaincre ne lui coûta plus, et qu'elle devint en peu de temps une petite fille accomplie.

Imitez ce bel exemple, chers enfants ; faites honneur à vos maîtres ; faites-leur honneur non-seulement par votre application et vos progrès, mais surtout par votre bonne éducation.

C'est là la récompense qu'ils ambitionnent, et, comme il est au pouvoir de vous tous de la leur donner, je déclare ici un mauvais cœur, une méchante nature celui qui la leur refuserait.

Vous allez donc être tous bons, gentils, aimables, prévenants. Plus de maussaderies, plus de bouderies, de résistances, de grossières paroles; non pas même avec vos camarades. Vous ne vous laisserez plus aller à ces familiarités choquantes, à ces réponses désagréables, si opposées à la charité et à la politesse.

V

Devoirs envers les camarades.

Puisque nous considérons l'école comme une extension de la famille, un mot, chers enfants, sur vos rapports avec vos camarades, rapports auxquels nous appliquerons tout ce que je vous disais tout à l'heure touchant les relations entre frères et sœurs.

Vous devez être complaisants pour vos camarades, point jaloux, point envieux, point rapporteurs surtout.

Oh! la vilaine petite peste que ces enfants en dessous, qui épient, qui écoutent, et parfois qui supposent, pour ne pas dire qui inventent, et qui s'en vont répétant, colportant ce qu'ils ont vu, ce qu'ils ont entendu, et souvent ce qu'ils ont imaginé!

Ils mettent la guerre entre camarades; ils indisposent les maîtres contre les élèves et les élèves contre les maîtres; ils brouillent même les familles. Partout où ils passent ils sèment la discorde, et s'ils parviennent, quoique enfants, à causer tant de mal, que seront-ils plus tard?... Ils ont été la peste de l'école, ils deviendront le fléau de la commune.

Plaignez-les, mes enfants, et gardez-vous de les imiter.

Plaignez-les, car s'il faut haïr le mal, il faut plaindre ceux qui le font.

Prenez garde de les imiter, car la pente qui conduit à l'esprit de cancan, de commérage, de dénigrement, est aussi glissante que rapide.

Soyez indulgents et charitables pour vos camarades; évitez-leur autant de punitions que vous le pourrez, mais sans vous laisser entraîner à vous associer à leurs fautes. Cherchez au contraire à les ramener à l'ordre quand ils s'en écarteront; soyez leur bon génie et souvenez-vous que vous y parviendrez surtout par le bon exemple.

Le bon exemple est, à tous les âges, le premier des devoirs et la meilleure des prédications.

Ainsi, bon exemple d'obéissance, d'exactitude, d'application, d'ordre, de modération, de douceur, de sincérité, de politesse : voilà ce que vous devez à vos camarades.

Nous verrons plus tard, en parlant de l'étude et des récréations, quand et comment vous aurez à exercer ce puissant apostolat de l'exemple. Pour le moment, passons à un autre ordre d'idées.

TROISIÈME PARTIE

—

DEVOIRS ENVERS SOI-MÊME

I

Propreté et bonne tenue.

Aussitôt que vous êtes réveillé, sautez à bas du lit; rien n'est plus mauvais pour le corps et pour l'esprit que de paresser au lit le matin. Remarquez d'ailleurs que plus on tarde, plus on marchande avec soi-même avant de quitter son oreiller, plus on trouve pénible de se lever.

Habillez-vous promptement et modestement; ne négligez aucun soin de propreté; que chaque matin votre bouche soit bien rincée, vos dents nettoyées, votre visage lavé, vos mains rendues bien nettes, vos ongles bien propres.

Que vos cheveux soient peignés et lissés avec soin; que votre chaussure, vos habits, bien brossés et sans aucune tache, soient mis et attachés dans le plus grand ordre.

Rien n'est plus disgracieux qu'un petit garçon dont les brodequins ne sont pas lacés droit, dont la cravate est nouée de travers et le gilet mal boutonné.

Je me trompe, il y a quelque chose de plus choquant encore: c'est une petite fille dont les bas retombent sur des souliers dénoués, dont la pointe du fichu est sur l'épaule, dont le tablier, souillé de boue sur le devant, a les coins tordus et froissés, dont la robe enfin, agrafée de travers, est sale ou déchirée.

Quelle idée ces enfants donnent-ils de leur bonne mère qui, cependant, prend si grand soin d'eux, et pour laquelle leur manque de propreté et d'ordre est une si grande augmentation de besogne, de souci, et de dépense !

Vous voilà habillé ; tout est en ordre sur vous ; mais cela ne suffit pas : votre chambre réclame vos soins. Voyons, souffririez-vous que votre mère se fatiguât à un travail que vous pourriez faire ? Non, n'est-ce pas ? et de même qu'hier soir, avant de vous coucher, vous aviez eu soin de plier les vêtements que vous quittiez et de les ranger sur une chaise où vous les avez repris ce matin, vous allez maintenant plier et serrer toutes vos petites affaires : vos vêtements de nuit, vos peignes, vos brosses, tous vos petits ustensiles de toilette ; vous ouvrez les fenêtres de la chambre, vous y secouez votre petit tapis, de façon que votre mère tout à l'heure n'ait absolument que le lit à faire ; encore une petite fille, dès qu'elle a la force de retourner un matelas, ne doit-elle pas souffrir que sa mère prenne cette peine.

Bon ! votre chambre est en ordre, votre prière est faite et votre estomac vous crie qu'il est l'heure de déjeuner.

Auparavant, il vous reste un dernier devoir, un devoir bien doux à remplir : vous avez à apporter à vos bons parents votre *bonjour*, c'est-à-dire les vœux que vous formez pour qu'ils soient heureux pendant la journée qui commence. Ajoutez à ces vœux vos plus tendres caresses, et, ayant ainsi payé votre tribut d'hommages à Dieu, à la famille, et vous être donné à vous-même les soins réclamés par l'ordre et la propreté, vous commencerez votre journée gaiement et sous la bénédiction divine.

II

De l'ordre dans le travail.

Je me souviens d'avoir lu dans une salle d'asile cette sentence : *Une place pour chaque chose et chaque chose à sa place.*

Je voudrais voir ces mots écrits partout. Je les voudrais surtout voir gravés dans le cœur et dans la mémoire de tous les enfants.

L'ordre est une question du bon emploi du temps, de prospérité, de bonheur. Il rentre ainsi dans vos devoirs envers vous-mêmes, en même temps que dans vos devoirs envers la famille et le monde.

Voyons ici l'utilité de l'ordre : 1° dans le travail ; 2° dans les repas ; c'est-à-dire au double point de vue de votre avancement dans l'étude et de votre santé.

Voici l'heure du travail : vous accourez plein de bonne volonté et de zèle ; mais vous manquez d'ordre, et voilà qu'au lieu de vous mettre à l'étude, vous avez à chercher une plume, un crayon, un livre introuvable. Pendant ce temps, votre sœur se lamente ; elle a une tâche à faire, et, au lieu de s'y livrer avec ardeur, elle court après son dé, ses ciseaux, son fil, qu'elle a laissés Dieu sait où ! Enfin tout est retrouvé, et vous allez réparer tous deux le temps perdu. Hélas ! cette dernière ressource elle-même vous fait défaut ; vous êtes fatigués, échauffés, impatientés ; votre main tremble, vous écrivez mal, votre sœur coud plus mal encore ; vos idées embrouillées servent mal votre mémoire. L'heure est écoulée, vous n'avez rien fait, ou vous avez mal fait ce que vous avez essayé de faire. Et la cause de tout cela ? le manque d'ordre.

Si l'on pouvait faire le calcul du temps ainsi perdu par les gens sans ordre, on serait effrayé. Encore n'est-ce là qu'une partie du mal. En effet, que de choses gâtées, que d'occasions perdues qui ne se répareront jamais et qu'un peu d'ordre eût permis d'utiliser ?

III

De l'ordre dans les repas.

Cependant la cloche du réfectoire ou la voix de votre bonne mère vous appelle à table.

Vous réclamez votre serviette. Celle que l'on a mise à votre place n'est pas la vôtre, assurez-vous en. On vous répond : « Il fallait la plier et la marquer ; » et, au lieu de faire droit à votre réclamation, on vous gronde.

« Où est mon couteau ? » demandez-vous après avoir fouillé dans vos poches pour y chercher le petit couteau qui remplace pour vous le couteau de table trop grand et trop tranchant pour qu'on consente à vous le confier.

Vous ne le trouvez pas, et, de peur de vous faire gronder, vous vous en passez et vous avalez les morceaux sans les couper, au risque de vous étrangler, et avec la certitude de mal digérer et de vous abîmer l'estomac.

Près de votre assiette, la nappe est toute

froissée, toute tachée; vous en êtes tout honteux, et votre mère en rougit pour vous. Est-ce donc que vous êtes naturellement plus maladroit que les autres ?

Mon Dieu, non; mais vous n'êtes pas soigneux; vous plongez votre couteau dans la sauce, et vous le remettez tout sale à côté de votre assiette; au lieu de poser votre fourchette, qui est grasse, sur les ardillons, vous la posez à plat, et elle laisse une longue trace de graisse.

Que sais-je! vous manquez d'ordre en toutes choses, et vous vous rendez ainsi fatigant et insupportable, même à vos parents, si indulgents et si bons.

Les conséquences de ce défaut vont plus loin encore en ce qui touche aux repas. On vous a dit maintes fois que rien n'était plus malsain que de manger à toute heure; vous n'êtes pas gourmand, et vous vous conformeriez aisément à cette régularité qu'on vous recommande sans cesse. Votre estomac s'en trouverait à merveille et votre conscience aussi, car vous n'auriez pas à vous reprocher une telle désobéissance. Mais votre habitude de désordre, qui s'étend à tout, vous fait faire tout à contre-temps.

En furetant dans les armoires pour y chercher un objet égaré, vous y trouvez une friandise, voire un morceau de pain, et, moitié par distraction, moitié par habitude de flânerie, vous le mangez.

En courant dans le jardin après votre chapeau perdu, vous ramassez un fruit et vous le croquez sans réflexion. Ce n'est que lorsque vient l'heure du repas, et à votre manque d'appétit, que vous vous apercevez que, faute d'ordre dans vos idées, vous avez désobéi.

IV

De l'hygiène.

« Qu'est-ce que l'hygiène ? » vous écriez-vous peut-être.

Le mot, en effet, est quelque peu savant; mais la chose est fort simple, quoique de haute importance.

L'hygiène, en effet, est l'ensemble des soins journaliers qui assurent la conservation de notre santé; on peut la définir *l'art d'éviter les maladies.*

Or, comme les commandements divins disent : *Homicide point ne seras,* l'hygiène, qui conserve la santé et éloigne la mort, est évidemment un de nos principaux devoirs envers nous-mêmes.

La première condition d'une bonne hygiène consiste à se rendre maître de ses passions, à les dominer de façon à se maintenir toujours dans ce calme et cette quiétude que produisent la bonne conscience et qui influent plus qu'on ne le pense sur la santé.

Ainsi, plus de haine, plus de colère, et la fièvre de la jalousie et de la fureur ne troublera plus votre sommeil d'enfant. Plus de mollesse, de sensualité, de gourmandise, et vos membres énervés ne se refuseront plus à un utile, à un fortifiant exercice, et votre estomac épuisé ne perdra pas sa force. Plus de désobéissance, plus de mépris pour les ordres et les conseils des personnes expérimentées, et la transition rapide du chaud au froid, les courses trop prolongées, les imprudences qui font boire de l'eau froide quand on est en transpiration, qui font, en été, marcher pieds nus sur le carreau glacé d'une chambre, ou se baigner après le repas, n'occasionneront pas chaque jour toutes ces maladies si longues, si dangereuses et si souvent mortelles.

La modération en toutes choses : modération dans l'ordre moral aussi bien que dans l'ordre physique et matériel, et une sage soumission aux conseils de l'expérience, telle est la première et la plus sûre base de l'hygiène.

L'hygiène doit porter surtout sur la nourriture, le vêtement et l'exercice.

La nourriture doit être simple, frugale et bien réglée. On doit satisfaire son appétit, mais n'aller jamais au-delà. C'est, du reste, à vos parents, à vos maîtres, à vous guider à cet égard.

Le vêtement doit être suffisamment ample pour ne gêner en rien les mouvements de la marche, et assez chaud pour que le corps ne souffre point du froid. Selon la condition sociale, il réclame plus ou moins d'élégance, et le devoir de l'enfant est de l'accepter tel que ses parents le lui donnent, sans vaine recherche, mais aussi sans aucune espèce de négligence, c'est-à-dire qu'à tout âge et dans toutes les conditions, il est essentiel, ainsi que nous l'avons dit, de soigner ses vêtements et de les maintenir en bon ordre et en parfaite propreté. C'est là une des conditions indispensables pour se bien porter.

Enfin l'exercice, surtout pendant l'enfance et la jeunesse, peut seul donner au corps le développement, et aux membres la souplesse et la force qui constituent un bon et robuste tempérament. Ne craignez donc pas la fatigue, chers enfants, et quand vous êtes au jeu, donnez-vous en à cœur joie : c'est de la santé que vous amassez pour l'avenir.

Mais si vous jouez bien, vous devez aussi bien travailler, car l'exercice de l'esprit, la culture de l'intelligence ne sont pas moins nécessaires à la bonne santé que le développement du corps.

V

De l'emploi du temps.

Le temps, dit un proverbe, *est la monnaie dont la vie est faite*. Chacun des jours, chacune des heures, chacune des minutes qui passe est une partie de votre vie qui s'écoule, et non-seulement aucun pouvoir au monde ne pourra vous la faire rattraper si vous l'avez laissé échapper sans en profiter, mais encore vous aurez à en rendre compte à Dieu. Car, ne vous y trompez pas, mes petits amis, dans sa bonté Dieu nous prodigue ses dons sans que nous ayons rien fait pour les mériter ; il ne nous demande en échange qu'une seule chose : que nous ne les gaspillons pas. Or, comme de tous ces dons le temps est le plus précieux, puisqu'il est celui qui nous permet de profiter de tous les autres, il exige que nous le ménagions avec un soin tout particulier ; et de même — c'est lui qui nous l'a dit — de même qu'il veille sur nous avec tant de sollicitude qu'*un seul cheveu ne saurait tomber de notre tête sans sa permission*, rien ne lui échappe dans l'emploi que nous faisons du temps.

Je vous le répète donc : ne perdez pas le temps, c'est la seule chose ici-bas qui ne s'achète ni ne se remplace ; et comprenez qu'il ne suffit pas d'employer le temps, mais qu'il faut le *bien employer*, c'est-à-dire que de même qu'en matière d'ordre chaque chose doit être mise à sa place, en matière d'emploi du temps, chaque chose doit être faite à son tour et à l'heure qui lui est assignée.

Il ne suffit pas de s'occuper, il faut s'occuper utilement ; encore, une occupation, même utile, n'est-elle réellement méritoire que lorsqu'elle est faite dans des conditions de régularité et d'obéissance.

Je m'explique : vous étudiez votre leçon au moment où vous devriez écrire vos devoirs : mauvais emploi du temps ; vous passez l'heure de la récréation assis à l'écart, à lire au lieu jouer : mauvais emploi du temps ; vous entrez à l'église pour prier Dieu à l'instant où la classe commence, ce qui vous fait arriver trop tard à l'école : mauvais emploi du temps.

Et cependant étudier, lire, prier, sont d'utiles exercices. Oui, certes, mais à la condition de n'être point faits au détriment d'autres devoirs ; prendre sa part des plaisirs de la récréation n'est pas moins un devoir que de se montrer parfaitement exact aux heures et aux exercices de l'école.

Mais je suppose, chers petits amis, que vous avez été bien attentifs à employer votre temps, bien dociles à l'employer selon les règles et l'ordre établis ; je suppose que ceux d'entre vous qui vont à l'école ont satisfait leurs maîtres et profité de leurs leçons ; que ceux qui restent chez eux, soit pour étudier, soit pour faire péniblement l'apprentissage d'un état manuel, n'ont pas abusé du manque de surveillance qui a pu les laisser quelques instants livrés à eux-mêmes, pour gaspiller leur temps et frustrer ainsi leurs maîtres d'apprentissage du travail qui leur est dû.

Je suppose encore que les moments destinés à la récréation ont été employés en conscience, sans en perdre un seul, mais aussi sans licence et sans cette grossièreté de langage et de manières contre lesquelles je ne saurais trop vous prémunir, et j'arrive à la dernière partie de mes conseils : vos devoirs envers la société.

QUATRIÈME PARTIE

—

DEVOIRS ENVERS LA SOCIÉTÉ

I

La Politesse.

Nous avons défini la politesse : *la manifestation extérieure des vertus chrétiennes.* Ajoutons qu'elle s'exerce, à proprement parler, dans nos rapports avec le prochain, soit avec la famille, soit avec la société, et qu'elle se divise en deux parties bien distinctes : la *politesse de cœur* et la *politesse d'usage*.

La POLITESSE DE CŒUR, qui n'a pas de règles fixes, qui ne s'apprend pas, mais que la bonté de l'âme nous révèle et pour laquelle le meilleur guide est le sentiment chrétien, est celle qui nous a surtout occupés jusqu'à présent, celle qui nous guide dans nos devoirs d'amour, de respect et d'obéissance envers Dieu, envers nos parents, et nous indique d'autre part ce que nous nous devons à nous-mêmes.

C'est elle encore qui nous guidera dans la suite toutes les fois que la charité et l'amour du prochain seront en jeu.

La POLITESSE D'USAGE, ou *savoir-vivre*, consiste dans l'étude et l'observation de certaines règles établies pour rendre plus faciles et plus agréables les rapports des hommes entre eux.

On appelle *bon ton* cette politesse d'usage portée à son degré le plus élevé. Un homme sans grande éducation peut et doit néanmoins être poli ; mais une personne bien élevée peut seule posséder le *bon ton*.

La politesse ou, pour mieux préciser, les *bienséances*, c'est-à-dire la mise en pratique de la politesse, doivent, mes enfants, régler toutes vos actions, toutes, jusqu'à vos mouvements, vos gestes, vos moindres paroles ; mais cela sans contrainte, sans roideur, par l'effet d'une constante et heureuse habitude. Sans cela, vous tomberiez dans l'excès opposé à la grossièreté, dans une affectation ridicule.

Avant toutes choses, soyez simples et naturels en tout ce que vous faites, en tout ce que vous dites, car rien ne remplace le naturel et la simplicité, surtout à votre âge.

Pour cela soyez sages et modestes; car s'il est vrai de dire que la *politesse est la manifestation extérieure des vertus chrétiennes*, il faut, chers enfants, que vous rógliez votre cœur si vous voulez que votre extérieur devienne ce qu'il doit être.

II

Beaucoup d'enfants, et malheureusement trop de grandes personnes, se figurent que la politesse est faite pour les relations extérieures et qu'il est fort inutile de s'y astreindre en famille. « Ils gardent le velours pour le dehors, a dit un homme d'esprit, et ils réservent la grosse bure pour le dedans. »

Triste et funeste erreur ! Où devez-vous être meilleurs et plus aimables qu'au milieu de ceux qui vous chérissent ? Aussi, chers enfants, ouis-je vous dire avant toute chose que tout ce qui va suivre, bien qu'applicable aux relations de société, doit surtout devenir pour vous d'une constante habitude au sein de la famille.

Ceci compris, voyons ce qu'un enfant bien élevé doit faire et ce qu'il doit éviter dans son maintien et dans ses allures.

Dans la maison vous marcherez légèrement et sans bruit; vous n'entrerez jamais dans un appartement sans vous découvrir la tête et saluer modestement, ayant soin de poser votre casquette ou votre chapeau si vous êtes chez vous, ou de le garder à la main si vous êtes en visite.

Du reste, et règle générale : réservez pour les récréations les mouvements brusques et rapides, les exclamations bruyantes et les gestes rapides En toute autre occasion, marchez posément, le corps bien droit, mais sans roideur, la poitrine effacée, les pieds en dehors, la tête haute, mais le regard modeste ; que vos bras accompagnent naturellement le corps sans faire le balancier à droite et à gauche.

En parlant, évitez les éclats de voix ; riez doucement et sans bruit.

Mais vous voilà assis, et en vérité on dirait que vos jambes et vos bras vous embarrassent. Vous mettez vos pieds tout souillés de boue sur le barreau de votre chaise, ou, ce qui est pis, sur celui de votre voisin, ou bien vous agitez vos jambes comme si des fourmis vous les chatouillaient. Vos mains, sans cesse en mouvement, tourmentent le bord de votre chapeau, se croisent et s'agitent dans l'air, ou, si elles peuvent l'attraper, martyrisent le chien ou le chat de la maison. Bienheureux encore si vous ne vous avisez pas de faire claquer vos doigts ou de ronger vos ongles !

Je n'ai pas besoin d'ajouter combien il est impoli de porter les doigts au nez, à la bouche, dans les cheveux. Quel enfant ignore ces éléments de la civilité ?

Même laisser-aller, même mauvais ton dans toute votre tenue ; assis de travers sur votre siége ou vous penchant la tête en avant, comme si vous ne pouviez en supporter le poids, ou renversé en arrière coutre le dossier, vous vous balancez au risque de vous casser la tête.

Et tout le monde de penser : « Oh ! l'insupportable enfant !... Oh ! le petit personnage mal élevé ! »

Il vous serait si facile cependant, avec un peu d'attention et de bonne volonté, de changer ce cri de réprobation en cet éloge si doux à recueillir : « Quel charmant enfant !... Que sa mère doit en être fière et qu'elle doit l'aimer ! »

Vous savez en effet qu'on doit se tenir droit sur sa chaise, les pieds posés par terre, les mains ramenées sur les genoux, l'air attentif et souriant, ne rompant le silence que pour répondre posément et d'une voix modérée aux questions des grandes personnes.

III

Deux portraits.

Deux écueils opposés sont à éviter dans la tenue et dans le maintien : la paresse, le laisser-aller d'une part, et d'autre part la turbulence. Pour bien vous faire comprendre en quoi consiste ces excès, voici deux portraits que je vous engage, chers enfants, à étudier avec attention, afin de prendre garde à en copier jamais le moindre trait :

Léon est mou, paresseux, le moindre effort lui coûte ; il se dispenserait volontiers de tout mouvement, et souffrirait, je crois, qu'on le fît manger comme un baby.

Est-il dans un appartement, il se tient plutôt couché qu'assis sur son siége, et au lieu d'écouter ce qui se dit, il passe son temps à bâiller et semble toujours prêt à s'endormir. Lui parle-t-on, il répond d'un ton traînant et presque inintelligible, encore faut-il lui arracher les paroles une à une.

Cependant on l'appelle. Il se lève avec effort, se secoue comme si ses membres engourdis avaient besoin d'être déliés. Sa casquette est d'un poids au-dessus de ses forces, et il la remet sur sa tête avant de faire un seul pas. Soyez sûr qu'il ne prendra même pas la peine de la soulever à la porte de la pièce. Pauvre Léon! entendez comme il traîne les pieds sur le parquet! Voyez comme il laisse ses bras se balancer semblables à ceux d'un mannequin, et dites quel travail de l'intelligence, quelle chaleur de cœur et d'âme peuvent se produire dans une nature aussi apathique, aussi amie de ses aises!

Mais voici Paul, son frère, et le contraste le plus saisissant frappe aussitôt en lui.

Turbulent et étourdi, il remue sans cesse et ne tient jamais en place; on croirait qu'au lieu de sang, c'est du vif-argent qui coule dans ses veines. Il est tout feu, tout salpêtre.

Au premier abord, cette vivacité plaît; mais avant qu'on ait eu le temps de dire : « L'aimable garçon! » on est déjà étourdi, fatigué de ce mouvement perpétuel, et on finit la phrase en murmurant: «C'est insupportable!»

Il est brusque, bruyant; il touche à tout, rien ne lui résiste, et son caractère, étourdi et violent, à la moindre contrainte devient impérieux et querelleur.

Est-il obligé de se tenir assis, il se tourne et

retourne sur sa chaise, il balance ses jambes et se remue à donner le vertige à tous ceux qui le regardent. Cela ne suffit pas cependant à sa passion de mouvement : le voilà qui sort son couteau ou son canif et qui entaille la table placée près de lui, ou même le dossier de son siége. Un livre est à sa portée, il s'en empare et en froisse les gravures, en déchire les feuillets. Il aperçoit une écritoire, et il en répand l'encre sur la table ; il brise la plume, il casse les crayons, il répand le sable... Oh ! l'insupportable touche-à-tout ! A tout prendre, encore vaut-il mieux avoir affaire à Léon.

Non, mes enfants, non ; ni à l'un ni à l'autre, à moins cependant que, comprenant enfin le tort que leur font à eux-mêmes et que font à tous ceux qui vivent près d'eux, leurs tristes défauts, ils ne se hâtent de faire d'heureux efforts pour soumettre les tendances fâcheuses de leur caractère aux sages exigences de la politesse.

« Quel est l'homme le plus heureux ? demandait-on à un célèbre philosophe de l'antiquité.

— Celui qui s'est rendu maître de lui-même, » répondit-il, et par cela il entendait celui qui a combattu ses défauts, vaincu ses passions.

Combattez-vous donc vous-mêmes, soyez vainqueurs dans ce combat, et vous serez véritablement heureux, mes chers enfants.

IV

Des repas. — Tenue à table.

Que vous assistiez à un repas de cérémonie ou que vous mangiez chez vous, attendez, pour vous asseoir, que vos parents ou que la maîtresse de maison vous en ait donné l'exemple, et ne le faites pas sans avoir dit votre *Benedicite*, mais à voix basse, sans en faire parade, comme aussi sans vous cacher, s'il n'est pas d'usage, dans la maison où vous êtes, de le dire tout haut.

Tenez-vous bien droit sur votre chaise, assez rapprochée de la table pour qu'en vous penchant légèrement en avant votre tête se trouve au-dessus de votre assiette, assez éloigné pour que votre corps, quels que soient ses mouvements, ne touche jamais le bord de la table.

Vos pieds, posés droits devant vous, ne doivent ni remuer ni s'allonger de côté ou en avant, de manière à incommoder vos voisins.

Vos mains se poseront jusqu'au poignet de chaque côté de votre assiette et ne s'avanceront jamais au-delà de la moitié de l'avant-bras.

Après vous être assis, vous quittez vos gants, si vous êtes en toilette, vous ouvrez votre serviette sans la déplier entièrément, et la posez ainsi pliée en long sur vos genoux.

Vous vous tenez en silence, attendant qu'on vous offre et qu'on vous serve des différents mets, sans rien demander, mais acceptant ou refusant simplement, et sans faire de façons, ce qu'on vous présente.

Dans un dîner de cérémonie, défiez-vous de votre appétit. Ne vous rassasiez pas dès le début, et, vers la fin, n'oubliez pas qu'on doit sortir d'un grand repas sans avoir l'estomac plus chargé qu'après les repas de famille.

DE LA PROPRETÉ DANS LES REPAS. — Mangez proprement et lentement, en ayant soin d'essuyer vos lèvres avant de boire, afin de ne pas graisser votre verre; le verre se tient de la main droite, avec trois doigts seulement, et non pas à pleine main.

Le couteau ne doit servir que pour couper la viande, et jamais pour reporter sur la fourchette les légumes ou les sauces.

Règle générale, pour tout ce qui peut se diviser avec la fourchette, on ne se sert pas du couteau. Encore moins, et sous aucun prétexte, ne peut-on le porter à la bouche.

Au dessert, on prend les petits gâteaux, les fruits confits, etc., du bout des doigts; les confitures, marmelades, compotes, fromages mous, se mangent à l'aide d'une petite cuiller; les fromages fermes, les fruits et les gâteaux, tels que tartes, brioches, galettes, etc., se divisent sur l'assiette avec le couteau et se prennent ensuite avec les doigts.

La viande, en revanche, ne se touche jamais avec les doigts, sauf cependant les petits os de volaille ou de gibier.

Mais revenons au dessert et voyons comment on s'y prend pour les noyaux de fruits.

J'ai vu des enfants les avaler : mauvais système, car on peut s'étrangler, et en tous cas l'estomac ne peut que souffrir en recevant un objet qu'il ne saurait digérer. J'en ai vu d'autres qui faisaient passer les noyaux de leur bouche dans leur assiette : rien n'est plus grossier et plus sale.

— Mais comment donc faut-il s'y prendre?

— Il faut tout simplement approcher sa main fermée de ses lèvres et y faire glisser adroitement le noyau, qu'on dépose ensuite au bord de son assiette.

A table, et sous aucun prétexte, ne jetez rien par terre, ni os, ni épluchures, ni noyaux; tout doit être déposé sur l'assiette et y rester.

Si par hasard vous trouviez quelque chose de répugnant dans vos aliments, un cheveu, une araignée, que personne ne s'en aperçoive. Bornez-vous à rejeter de côté l'objet en question. Cependant si votre estomac répugnait trop à continuer de manger, rendez votre assiette au domestique, mais sans indiquer pour quel motif. Si on vous questionne, dites que vous étiez servi trop copieusement, et voilà tout.

On ne se sert plus, comme on le faisait autrefois, et comme on en a conservé l'usage dans certaines campagnes, de la fourchette et de la cuiller pour manger la soupe; on n'emploie que la cuiller, et on s'en tire comme on peut, car en aucun cas il n'est permis de faire comme certains enfants mal élevés, qui repoussent le morceau de pain dans la cuiller avec leurs doigts. On ne boit pas le bouillon à même l'assiette; on n'enlève pas non plus son assiette de table, pour faire écouler le reste du bouillon dans la cuiller. Après en avoir pris tant qu'on a pu, on abandonne le reste au fond de l'assiette.

On ne souffle pas sur sa soupe quand elle est trop chaude; mais on la fait refroidir en l'agitant doucement avec la cuiller, et, mieux encore, on attend avec patience qu'elle soit à point.

On évite soigneusement de faire aucun bruit en mangeant et en buvant, c'est-à-dire qu'on ne prend point de trop grosses bouchées, et qu'on avale posément et sans gloutonnerie.

Même recommandation pour le maniement des ustensiles qui servent à table, et qu'il faut prendre bien garde non-seulement de casser et de renverser, mais même d'entre-choquer.

Il est peu convenable de replonger dans l'assiette une cuiller retirée de la bouche à demi-pleine. Ayez donc soin de ne prendre de potage, de crème, de compote, en un mot de tout ce qui se mange à la cuiller, que juste ce que vous pouvez en avaler en une seule fois sans trop vous remplir la bouche.

Et puisque je parle de bouche pleine, laissez-moi vous dire qu'on ne boit, qu'on ne parle, qu'on ne rit jamais la bouche pleine, et qu'on ne fait ni de grosses bouchées ni de grosses gorgées.

Une dernière recommandation. Il pourra arriver que, ne connaissant pas un mets dont on vous offrira, vous ne sachiez pas comment on s'y prend pour le manger : si c'est avec la cuiller, la fourchette et le couteau. En ce cas, et pour éviter toute maladresse, vous n'avez qu'un parti à prendre : voir, avant de toucher à votre assiette, comment s'y prennent vos voisins, et ensuite les imiter.

Ce conseil, du reste, ne s'applique pas à ce seul cas. Quand on va peu dans le monde, on est embarrassé à chaque instant, car il est une foule de petits détails, très-essentiels, dans ce qu'on appelle la bonne éducation, et qui ne peuvent s'apprendre que par l'usage. Il suffit d'un peu d'intelligence et de beaucoup de retenue et d'esprit d'observation pour se tirer d'affaire en pareil cas.

Le dîner fini, vous ne bougez de place que lorsque les maîtres de maison en donnent le signal en se levant, ou, si vous êtes chez vous, quand vos parents vous font signe que vous pouvez aller jouer. Alors, si vous êtes à la maison ou à demeure chez des amis, vous pliez et marquez votre serviette. Chez des étrangers, vous la posez sur la table, à la place que vous avez occupée, sans la plier.

Vous quittez la salle à manger, et vous n'en êtes pas fâché, car, grâce à Dieu, à votre âge on préfère la promenade, le jeu, en un mot la récréation qui suit le repas, à la gourmandise.

Allez donc jouer, cher enfant, mais au milieu même de vos ébats, souvenez-vous que la politesse doit vous suivre partout, et partout régler, modérer la vivacité de votre corps.

V

Des récréations.

Pendant vos récréations et vos jeux, vous veillerez scrupuleusement sur vous-mêmes, ne vous permettant rien de plus que ce que vous permettrait une surveillance sévère. Ainsi vous ne pousserez pas de cris perçants, vous ne vous querellerez pas, vous ne soutiendrez pas votre opinion avec opiniâtreté et à voix bruyante. Vous ne vous permettrez avec vos camarades aucune de ces familiarités interdites par la bonne éducation, telles que de les frapper à l'improviste et avec violence, de leur jeter au visage de l'eau ou des ordures, de les effrayer en les poursuivant avec un crapaud, une chenille à la main, ou tout autre objet qui leur inspire de la répugnance, et, en un mot, vous vous abstiendrez de toute espèce d'espièglerie, ou, pour mieux parler, de toute espèce de sottises de ce genre.

Vous veillerez encore sur vous-mêmes en prenant garde de ne pas compromettre votre santé par un exercice trop violent, en vous asseyant à l'ombre et au frais lorsque vous êtes en transpiration, en jouant à des jeux qui vous sont défendus ou qui offrent un véritable danger. Je dis un véritable danger, parce qu'il serait honteux et ridicule à un garçon de se montrer poltron, de n'oser, par exemple, franchir un fossé, grimper à un instrument de gymnase, craindre de lancer un ballon, n'oser bouger de peur de la chaleur, etc.

L'obéissance est en quelque sorte une des
fondamentales de la nature et de la société;
gré ou de force, nul ne peut s'en dispenser.
vous figurez donc pas que ce soient les enfa
seuls qui sont assujettis à cette règle. Dep
le plus pauvre paysan jusqu'au monarque
même, qui obéit aux lois, à l'étiquette, p
sonne n'en est dispensé; la hiérarchie soci
n'est pas autre chose qu'une dépendance,
obéissance permanente. Il est donc sage p
vous de vous plier de bonne heure à une s
mission dont vous aurez besoin toute votre
et qui vous deviendra d'autant moins péni
qu'elle sera volontaire. C'est pendant la
création que l'obéissance est plus difficile
par conséquent, plus méritoire.

Lorsque, dans l'essor de votre gaieté, de
plaisirs, un obstacle se place tout à coup
vant votre fantaisie et qu'aucune autorité n'
présente pour vous modérer, certes, il n'
pas sans mérite de votre part de vous domin
d'arrêter cet élan, cette fougue, par le seul
de votre volonté. Si vous le faites, et vous
vez le faire comme enfants bien élevés, com
chrétiens, rendez-vous la justice de vous d
que vous venez de remporter une victoire
vous sera comptée pour l'avenir .

VI

Des Visites.

Il peut arriver que vos parents, pendant
vacances et aux jours de congé, vous enmèn
avec eux faire quelques visites ; il est donc b

que vous sachiez comment on doit agir en pareil cas. D'ailleurs, mes enfants, les conseils que nous vous donnons aujourd'hui ne regardent pas seulement le présent; c'est une semence pour l'avenir que vous devez garder avec soin dans votre cœur et dans votre mémoire, afin de la faire fructifier dans l'occasion.

Vous ne vous étonnerez donc pas si nous vous parlons quelquefois ici de choses et de devoirs qui ne vous concernent point encore directement.

On appelle visites de bienséance toutes celles qu'exigent la politesse et l'usage du monde. Ainsi, les visites du nouvel an, celles de félicitation, de condoléance, à l'occasion d'une mort, d'une maladie, de la perte d'un procès, d'un mariage, d'une naissance; les visites pour prendre congé, celles d'arrivée; les visites à un fonctionnaire public, à un haut personnage. Ces visites doivent se faire après midi, dans une toilette convenable, avec la recherche que l'on croit pouvoir se permettre dans la mise; car il serait peu convenable que la personne visitée vous rencontrât dans la rue ou chez une personne moins qualifiée, plus paré que lorsque vous vous êtes présenté chez elle. Pour une visite de mort, mettez-vous en deuil si vous avez les vêtements nécessaires, sinon que votre costume soit au moins le plus sérieux, le plus sombre possible, afin qu'il ne fasse pas un contraste trop douloureux avec la tristesse à laquelle vous allez vous associer.

Les visites de cérémonie se comptent et se rendent à des distances déterminées.

Les visites de bienséance sont de rigueur après une invitation à un dîner ou à une soirée, qu'on l'ait ou non acceptée; avant une invitation, une soirée, si l'on connaît peu les maîtres de la maison, et que l'on ne soit jamais allé chez eux.

Si l'on ne trouve pas la personne que l'on va visiter, on laisse une carte dont on a soin de plier un des coins, afin d'indiquer qu'on s'est présenté soi-même. Dans les grandes villes et dans certains cas, comme après la réception d'une lettre de faire part, à l'occasion même du nouvel an, on est dispensé d'une visite; l'envoi d'une carte sous enveloppe suffit. Dans ce cas, on doit mettre autant de cartes qu'il y a de membres dans la famille, sauf, bien entendu, les enfants, qui ne comptent pas.

On laisse dans l'antichambre ou dans le vestibule son parapluie, son manteau, ses caoutchoucs; mais une femme ne quitte ni son chapeau ni son châle, et un homme garde son chapeau à la main: il ne le déposera sur un meuble que s'il y est invité par les maîtres de la maison, en ayant soin que ce ne soit jamais sur un lit.

Pendant une visite de cérémonie, on ne doit pas quitter ses gants.

En entrant, on va droit aux maîtres de la maison pour les saluer; puis, on salue les dames présentes.

Si une femme entre dans un salon, toutes les dames se lèvent; si c'est un homme, les hommes seuls se lèvent avec la maîtresse de la maison; les autres dames se soulèvent à demi à mesure que la personne entrée les salue.

En se retirant on salue la maîtresse de maison en particulier, et toutes les autres personnes collectivement.

Surtout on ne se préoccupe pas de remettre en place le siége que l'on quitte.

On ne demande des nouvelles de leur santé qu'à ses amis, à ses égaux. On se borne à présenter l'hommage de son respect à ses supérieurs. « Comment allez-vous ? » est une locution vicieuse, et « Jouissez-vous d'une bonne santé ? » ne s'emploie plus. On dit simplement : « Comment vous portez-vous ? » On répond à cette formule par un salut et un remercîment ; de plus, on retourne d'ordinaire la question.

Les visités s'empressent d'offrir des siéges, c'est surtout le devoir des enfants de la maison. On doit se hâter de leur en éviter la peine en les prenant soi-même ; mais en sortant, il est de très-mauvais ton de prendre le même soin, en les remettant en place. On sort, les laissant au lieu où l'on était assis.

Les places près de la cheminée sont, en hiver, les plus honorables ; les moins estimées sont celles en face du feu, et c'est justement pour cela, mes enfants, que vous aurez bien soin de les choisir ; mais si l'on insiste pour que vous que vous changiez, il ne serait ni poli ni convenable de vous faire longtemps prier. Le bon ton, en visites, comme à table, comme partout, consiste surtout à obéir simplement, sans affectation d'humilité, au désir d'une maîtresse de maison, désir qui, dès qu'il est exprimé, doit être un ordre pour vous. Faire des façons, ce serait lui dire indirectement que vous connaissez mieux qu'elle ce que les convenances ordonnent ou défendent.

Ainsi, de même qu'on ne se presse pas aux portes pour passer tous à la fois, de même on ne se dispute pas à qui ne passera pas. On cède le pas à la dignité, à l'âge et au sexe; avec ses égaux, on cherche à demeurer en arrière, mais s'ils font le même mouvement, et que l'on se trouve le plus près de la porte, on s'exécute promptement et de bonne grâce à subir ce petit honneur.

Quelle que soit votre intimité, soyez toujours de la plus grande réserve chez des étrangers. Je connais des jeunes gens qui, chez un ami, ouvrent les armoires, fouillent dans les tiroirs, dans les buffets, furètent dans les livres, dans les papiers, donnent des ordres aux domestiques, et autres libertés de ce genre. A ce compte, l'amitié, au lieu d'être un plaisir, un bonheur, deviendrait la plus fatigante des charges.

Ne faites pas de trop longues visites; le bon esprit consiste à saisir, pour vous retirer, le moment où votre présence va cesser d'être agréable. Si quelqu'un entre pendant votre visite, à moins que ce ne soit un ami commun, levez-vous et retirez-vous. Sous aucun rapport l'amitié n'est un brevet d'importunité.

VII

Des Conversations.

Pour vous guider utilement dans l'art délicat et difficile de la conversation, il faudrait, mes chers enfants, non pas seulement quelques chapitres de ce petit volume, mais tout au moins le livre entier ; nous ne pourrons donc qu'effleurer ce sujet.

Dans les visites comme dans tous les rapports que les hommes ont entre eux, la conversation est le point capital, et tout ce qui s'y rattache est mille fois plus important que toutes les règles du cérémonial, car c'est elle qui révèle aussitôt l'intelligence et l'éducation non-seulement de la personne qui parle, mais même de celles qui écoutent.

Étudiez-vous donc à savoir bien parler et bien écouter.

Or, pour bien parler, il faut bien penser ; pour bien écouter, il faut de la bienveillance, de l'attention et de la modestie.

La conversation est une arme puissante entre les mains de l'homme : une arme pour le bien ; une arme pour le mal !

Gardez-vous toujours, chers enfants, de vous blesser ou de blesser autrui en maniant cette arme redoutable, et, pour cela, bannissez sans pitié de vos conversations :

1° Les propos irréligieux, les paroles légères ;
2° La calomnie et la médisance ;
3° La raillerie ;
4° La prétention à l'esprit.

Voilà pour le côté moral de la conversation, et je n'insisterai sur aucun de ces points, attendu qu'il suffit de les indiquer pour qu'on en comprenne aussitôt la gravité.

Quelques mots cependant sur la prétention à l'esprit; nous passerons ensuite à la partie grammaticale de la conversation, c'est-à-dire aux principales formules qui y sont en usage.

Un abus moins dangereux, moins coupable surtout que l'impiété, ou la médisance, mais qui n'en est pas moins un fléau pour la société, consiste dans la manie qu'ont beaucoup de gens de faire de l'esprit à propos de tout. Rien de plus fatigant; on pourrait presque dire rien de plus abrutissant.

Évitez les jeux de mots, les pointes, les calembourgs; n'employez ni les expressions communes et triviales, ni les termes savants et recherchés. Parlez simplement, sans affectation, sans hésitation. Accoutumez-vous à employer le mot propre à chaque chose, les définitions simples et claires. Réglez vos pensées et exprimez-les dans l'ordre logique. Ne parlez ni trop vite ni trop lentement, et, pour votre prononciation, imitez les personnes de bonne compagnie que l'on cite comme modèles.

VIII

Principales formules usitées dans la conversation.

Comme ici je ne puis guère, mes enfants, que vous donner une simple nomenclature des formules à éviter et de celles à employer, je crois que ce que j'ai de mieux à faire est de copier textuellement les conseils donnés à ce sujet par l'auteur des *Bienséances sociales :*

« Apprenez, dit-il, les formules honnêtes, qui ne sentent pas l'affectation ni la trivialité. Servez-vous souvent des mots : « J'ai l'honneur « de... » ils imposent une certaine réserve qui empêche que le ton ne s'abaisse trop. Distin-guez bien la différence qu'il y a entre « Faites-« moi l'honneur de... » et « Faites-moi le plai-« sir de... »

« L'impératif ne convient point dans la bou-che des inférieurs et rarement dans celle des égaux; ainsi : « Donnez-moi » est impérieux; « Veuillez me donner » l'est aussi; « Ayez la « bonté de me donner » l'est encore; « Auriez-« vous la bonté de me donner » ne l'est plus. Employez cette formule dubitative avec toutes les personnes que vous respectez. « Je vous « prie, » « Je vous supplie, » va partout. « Bonjour, » est très-familier; « Je vous sa-« lue, » est fort dégagé; « J'ai l'honneur de « vous saluer, » est toujours convenable.

« Si vous n'avez pas entendu, ne dites ja-mais : « Hein ? » « Quoi ? » J'ai vu des per-sonnes de distinction s'oublier étrangement en cela.

« Donnez à tout le monde, ainsi que je vous l'ai déjà dit, le titre de « Monsieur, » « Mada-« me, » « Mademoiselle, » et jamais *Mamzelle.*

« Si l'on ne doit pas répondre « Oui » et « Non » sans y joindre les titres de « Monsieur, » « Madame, » « Mademoiselle, » il ne faut pas non plus y ajouter le nom propre, mais on y ajoute très-bien le titre : « Oui, monsieur le « comte, » « Non, madame la duchesse. » On doit même le faire souvent, pourvu que cela ne ressente point l'affectation.

« A un religieux on dit : « Mon Père, » ou, plus poliment : « Mon Révérend Père; » à une religieuse : « Ma Sœur, » ou « Madame. »

« On ne dit jamais, en parlant d'une personne présente : « Il, elle a fait cela; » mais bien : « Madame de Champagny, Madame Ri- « cart a fait cela. » Ne dites pas non plus d'un absent, sans ajouter le nom : « Madame, « Mademoiselle a fait cela. » « Je vous prie « de dire à Madame, » « Offrez mes respects « à Madame, » c'est le style des domestiques.

« Les époux peuvent se nommer, en parlant l'un de l'autre, c'est de grand ton : « Monsieur « de La Palisse, » « Madame de Rotrou; » ou bien s'interpeller par leur petit nom, ce qui est un peu plus intime. Mais familièrement ils disent : « Mon mari, ma femme; » les mots d'époux et d'épouse sont réservés pour la poésie ou pour l'usage du *bourgeois gentilhomme*, ainsi que cette façon de parler qui consiste à dire à un mari, à un père : « Votre dame, » « Votre demoiselle. »

« Quand on s'adresse à quelqu'un avec qui l'on n'est pas extrêmement familier, on dit toujours, en parlant de ses parents : « Mon- « sieur votre père, » « Madame votre mère, » « Mademoiselle votre sœur. » Pour les parents éloignés, il vaut mieux les appeler par

leur nom : « Monsieur Rémond, » « Madame
« Tarly, » « Mademoiselle Elisa. »

« Remarquez que le mot « fille », sans qua-
lificatif, est aujourd'hui pris en mauvaise part;
évitez-le, et dites : « Mademoiselle votre fille. »

« Mais soi-même on ne dit pas : « Monsieur
« mon père, » « Madame ma mère, » etc. On
dit bien : « Mon oncle Damis, » « Ma cousine
« Charlotte. » En parlant de ses enfants, on ne
dit pas non plus : « Ma demoiselle, » mais « Ma
« fille ; » « J'ai deux demoiselles, » mais « J'ai
« deux filles. »

« On peut user à l'égard des dames de la
forme consacrée pour les princes et seigneurs,
qui consiste à leur parler à la troisième personne : « Monseigneur voudrait-il ? » « Ma-
« dame me permettrait-elle ? » mais ce n'est
de rigueur que pour les domestiques. En Italie
on dit : « la Colonna, » « la Borghese ; » mais
en France ce serait de la dernière grossièreté.

« Enfin, pour finir par où nous aurions pu
commencer, faites disparaître de votre langage
les locutions impropres ou triviales, que la négligence et l'habitude y ont peut-être glissées.
Car il faut, avant tout, parler français et hon-
nêtement. Rien n'est propre à faire perdre
la considération comme un langage grossier
qui semble avoir été appris dans la rue; et
rien ne rend ridicule comme ces locutions po-
pulaires : « Ce n'est pas l'embarras, » « Faites
« excuse, » « Cela m'embête, » « Il fait les cent
« coups, » « Au bout du compte, je m'en fi-
« che ! » etc., etc. »

IX

Des Correspondances.

Formules épistolaires.

Si le style d'une lettre fait apprécier l'esprit de la personne qui l'écrit, ses formules révèlent son cœur et sa bonne éducation, et certes l'un vaut mieux encore que l'autre. Ainsi donc, mes enfants, quoique le cérémonial épistolaire auquel on attachait autrefois une grande importance, soit devenu l'objet, pour beaucoup de gens, d'une fâcheuse indifférence, vous retiendrez les règles que je vais vous indiquer et vous vous ferez un devoir de ne jamais vous en écarter.

Titres et Dignités. — Voici la formule que vous emploierez si vous avez à écrire à quelque haut personnage.

Ainsi, en s'adressant au Souverain Pontife, on écrit: « Saint-Père, » ou « Très-Saint-Père; » et au lieu de « Vous » : « Votre Sainteté, » ou « Votre Béatitude. » Bien entendu que, de même que pour tous les grands dignitaires, on emploie la troisième personne.

Aux monarques : « Sire, » « Votre Majesté. »

A une impératrice, à une reine : « Madame, » « Votre Majesté. »

Aux frères, fils, petit-fils d'un monarque : « Monseigneur, » « Votre Altesse Impériale ou Royale. »

Aux autres princes du sang: «Monseigneur,» « Votre Altesse Sérénissime. »

Aux ministres et ambassadeurs : « Monsieur le Ministre, » « Votre Excellence. »

Aux cardinaux : « Monseigneur, » « Votre Eminence. »

Aux évêques : « Monseigneur, » « Votre Grandeur. »

Aux personnes titrées ou revêtues de charges publiques, il faut avoir soin de rappeler le titre ou la dignité : « Monsieur le duc, » « Monsieur le comte, » « Monsieur le maréchal, » « Monsieur le préfet, » etc. Pour les femmes, on rappelle également le titre, mais pas la dignité du mari, sauf pour celle du maréchal de France, que l'usage veut que l'on conserve à la femme. Les grades militaires ne demandent point à être précédés du mot Monsieur. On écrira et l'on dira à un officier : « Général, » « Capitaine, » etc.

Une bonne éducation et le respect exigent qu'en écrivant aux ecclésiastiques, comme en leur parlant, on place toujours une épithète après le mot monsieur, soit : « Monsieur le curé, » « Monsieur le vicaire, » ou simplement « Monsieur l'abbé. »

Aux religieuses revêtues de quelques dignités : « Madame la prieure, » « Madame la supérieure, » etc.

Autrefois, pour peu qu'une lettre fût adressée à une personne qui avait droit à notre respect, on commençait cette lettre au-dessous du milieu de la première page, en ayant soin de placer le titre en vedette, quatre à cinq lignes au-dessus. Aujourd'hui, cette marque de considération n'est plus nécessaire que dans le cas de ces lettres de cérémonie, si l'on peut ainsi parler, qui ont pour but de souhaiter une fête à des grands-parents, à des supérieurs, de leur offrir des vœux de nouvel an, etc. Dans tout autre cas, on peut se borner à laisser quelques lignes avant la vedette, et deux ou trois lignes entre la vedette et le commencement de la lettre; mais ce dont on doit se garder, c'est, toutes les fois qu'il n'y a pas grande intimité et égalité parfaite, d'intercaler le titre dans le corps de la première phrase. Ainsi l'on dira : « Ma chère tante... (deux lignes en blanc au moins) Je m'empresse... etc. » Il est bien entendu qu'en écrivant à un père, à une mère, l'obligation du titre en vedette devrait être plus sévère encore.

On laisse au bas de la page plus ou moins de blanc, selon la qualité de la personne à laquelle on écrit. Dans toute lettre de demande à des personnes en place, on met au bas de la première page, à trois lignes au moins de distance du corps de la lettre, et sur une seule ligne, le titre de la personne à laquelle on écrit. Soit une lettre adressée à un préfet : « A Monsieur le Préfet du département de... » Ces mots doivent être en assez gros caractères et très-lisibles.

A la fin de la lettre, les mots placés en vedette au commencement, doivent se retrouver également en dehors du corps de la lettre :

« Daignez agréer l'hommage du plus profond respect avec lequel j'ai l'honneur d'être,

      « Monsieur le Comte,

« Votre très-humble et très-obéissant serviteur. »

La signature se place au-dessous de ces deux lignes.

Un dignitaire qui a droit à un titre particulier, tel, par exemple, que « Votre Grandeur, » pour un Evêque, doit retrouver ce titre dans les premières phrases de la lettre et dans la formule qui la termine ; ainsi on écrira :

« Monseigneur,

« Veuillez me permettre de réclamer le puissant intérêt que Votre Grandeur a daigné me faire espérer, etc... » et l'on terminera par une formule de ce genre : « Que Votre Grandeur daigne agréer l'hommage de la respectueuse reconnaissance avec laquelle j'ai l'honneur d'être,

« Monseigneur,

« Votre, » etc.

Ou bien : « Daignez agréer l'hommage du profond respect avec lequel j'ai l'honneur d'être,

« Monseigneur,

« de Votre Grandeur,

le très-humble et très-obéissant serviteur. »

Dans les lettres d'intimité adressées à un égal, la vedette et la ligne peuvent être supprimées : « J'ai reçu, cher Monsieur... »

Les mots Monsieur, Madame, ne doivent jamais être en abréviation dans une lettre, soit en parlant de la personne à laquelle on écrit, soit en lui parlant de quelqu'un qui lui est cher. Mais si, au contraire, il est question d'un tiers à peu près indifférent, on est libre d'employer l'abréviation, ce tiers fût-il lui-même un personnage marquant.

Dans une lettre commandée par le respect, on doit s'abstenir de donner aucun message, pas même de faire des compliments à un tiers, à moins cependant que ce tiers ne soit une personne chère à celle à laquelle on écrit, dans lequel cas ce souvenir est une politesse pour toutes deux ; mais alors il faut préparer cette liberté par un mot d'excuses : « Oserais-je, Madame, vous demander que N*** trouve ici l'expression... » « Si je ne craignais d'abuser de vos bontés, je vous prierais, Monsieur, de vouloir bien faire agréer à N*** l'hommage...»

Si l'on doit éviter de répéter, dans les premières phrases d'une lettre, le titre placé en vedette, il ne faut point oublier sa répétition dans le cours de la lettre, d'autant plus souvent que l'on doit plus d'égard et de respect à la personne à laquelle on écrit; il est bon surtout de le répéter le plus tôt possible chaque fois que l'on tourne la page.

Une lettre se termine toujours par l'expression d'un sentiment de respect, de reconnaissance, d'estime, d'attachement, et, dans beaucoup d'occasions, le tact consiste à mêler habilement ces divers sentiments.

Certaines gens réservent toujours une partie intéressante de leur lettre pour la placer en forme de post-scriptum, c'est-à-dire après la signature. C'est tout à la fois impoli et ridicule. Le post-scriptum n'est toléré qu'à la condition de contenir une pensée explicative ou bien étrangère au sujet de la lettre: il doit être fort court et ne jamais se rencontrer dans une lettre de cérémonie.

X

Suscription et affranchissement des lettres.

Depuis quelques années on a essayé de transposer complétement l'ordre de la suscription des lettres. Au lieu de faire suivre le nom et le titre de la personne, de celui de la ville et ensuite de la rue qu'elle habite, et de l'indication du département au-dessous, on a mis en haut de l'adresse le nom de la ville et du département et, en dernier lieu seulement, le nom de la personne. Quant à moi, j'aime assez, quand je ne trouve pas un avantage réel à agir différemment, j'aime assez, dis-je, à conserver les vieux usages, et, en cette occasion, bien des gens ont été de mon avis ; l'innovation n'a pas, que je sache, fait de grands prosélytes, et la majeure partie des lettres ont gardé leur ancienne forme de suscription, que je vous engage fort à conserver aussi.

Autrefois on n'affranchissait que les lettres d'affaires ou celles écrites à un inférieur; ce soin, à l'égard d'un égal, eût été considéré presque comme une impertinence. Aujourd'hui, au contraire, il est reçu, on pourrait même dire qu'il est de rigueur d'affranchir toutes les lettres. La nouvelle organisation de la poste, en augmentant d'un tiers le prix des lettres taxées, a amené cette modification dans les usages.

XI

Billets et Lettres d'invitation.

Les billets supposent une sorte d'égalité entre les personnes avec qui on les échange : on peut en adresser à ses inférieurs, on n'en reçoit point d'eux. Le billet s'emploie surtout pour invitation, pour accompagner ou annoncer un petit présent, pour suppléer à une visite, etc.

D'ordinaire le billet s'écrit à la troisième personne, non-seulement en parlant à la personne à laquelle il s'adresse, mais en parlant de soi-même. De là une sérieuse difficulté et la nécessité de se relire avec la plus grande attention, si l'on veut éviter les quiproquo.

D'autres fois on parle de soi à la première personne et l'on signe son billet. On évite ainsi ces *il* ou *elle* dans lesquels il est facile de se perdre.

Toute lettre d'invitation pour un dîner, pour un thé, pour une réunion enfin où une maîtresse de maison a besoin de connaître le nombre précis de ses invités, exige une prompte réponse, afin qu'elle ait le temps de remplacer ceux qui refusent par de nouvelles invitations.

Quand il s'agit d'une simple soirée, on doit suivre l'usage de la ville qu'on habite ou de la société dont on fait partie.

XII

Des Réponses.

Il n'est permis sous aucun prétexte de s'abstenir de répondre à une lettre ; mais ce n'est pas tout que d'y répondre, il faut le faire promptement. Prenez donc pour habitude, mes enfants, de ne jamais mettre de côté une lettre sans y avoir répondu, et si, par suite d'une indisposition, d'une négligence ou d'affaires pressantes, il vous arrivait de tarder trop longtemps, ne manquez pas de justifier ou d'excuser cette lenteur.

Immédiatement, avant de faire votre réponse, relisez attentivement la lettre que vous avez reçue, paragraphe par paragraphe, et répondez au fur et à mesure à chaque article.

En affaires, votre réponse sera claire, précise, bien détaillée et sans phrases inutiles ; si vous répondez à une lettre de demande par un refus, adoucissez l'amertume du cruel *non*, par des expressions bienveillantes, gracieuses. S'il vous est possible d'obliger, exprimez-le en termes convenables et évitez surtout toute phrasequi sentirait la protectio n.

Avez-vous à répondre à une letre qui vous annonce qn'un malheur, un revers a frappé la personne qui vous écrit, mettez tout votre cœur

service de votre plume. Ayez surtout re-
ours aux consolations religieuses; mais of-
ez-les de manière à ne point froisser la dou-
ur de votre ami.

Il faut en effet, mes chers enfants, une main
ien légère pour toucher aux blessures du
cœur, aux douleurs de l'âme.

Des consolations maladroites aigrissent, en-
eniment le chagrin qu'on prétendait alléger.
otre cœur seul vous inspirera en ces occa-
ons. Mettez-vous un instant aux lieu et place
u parent, de l'ami qui est dans la peine, ren-
ez-vous compte de ce qu'il éprouve; deman-
ez-vous ce que, en pareil cas, vous ressentiriez
ous-même; ensuite laissez parler votre cœur
t *lâchez la bride à votre plume.*

C'est en ces délicates matières que la *poli-
sse du cœur* est la meilleure, je dirais volon-
ers l'unique conseillère.

CINQUIÈME PARTIE

DE L'ART D'ÊTRE HEUREUX

I

Du caractère. — Égalité d'humeur.

Comprenez bien, chers enfants, cette grande
érité : notre bonheur dépend de nous-mêmes.
« Ah! vous écriez-vous; mais nous ne som-

mes pas maîtres de nous rendre riches, puissants, savants. »

Non, mes amis, mais tout cela ce n'est pas le bonheur. On peut, en effet, être très-riche, très-puissant et posséder une grande science, tout en restant sombre, triste, inquiet; tandis qu'on peut être très-pauvre, savoir peu de choses, et néanmoins être joyeux et satisfait de la vie.

C'est que Dieu, qui ne nous a pas créés tous pour la fortune et les honneurs, nous a tous destinés à être heureux. Aussi, se gardant de placer le bonheur dans ces dons, qui ne devaient appartenir qu'à un petit nombre, et que d'ailleurs il est si facile de perdre, il l'a attaché à des biens qu'il a mis à la disposition de tous et qu'il fait même un devoir à tous d'acquérir. J'entends dans la joie d'une conscience satisfaite.

Or, pour avoir la conscience satisfaite, il faut être pieux et sage; il faut, à tous les âges et dans toutes les conditions, remplir bien ses devoirs; en un mot, il faut vivre en paix avec le prochain et avec soi-même.

Mais, remarquez-le bien, chers petits amis, pour acquérir, pour conserver cette paix, qui est ici-bas l'unique bonheur réel, il ne suffit pas d'être vertueux, de faire le bien, il faut surtout avoir ce qu'on appelle un bon caractère; c'est-à-dire de l'égalité d'humeur, de la docilité, de la patience, de la bienveillance.

Ainsi je doute fort que le *bourru bienfaisant,* malgré toute sa bonté, malgré tout le bien qu'il faisait, fût heureux et rendît heureux ceux qu'il soulageait.

Un bon caractère ! ah ! quel précieux trésor! quels intarissables bienfaits en découlent; c'est là vraiment la richesse par excellence de la famille.

Or, la base essentielle d'un bon caractère, c'est la sérénité, l'égalité d'humeur.

Voyez, en effet, cet enfant fantasque, boudeur, emporté; quel plaisir est assuré avec lui? Un de ses caprices entravera tout à coup la partie la mieux combinée. Ce petit service, cette attention qui, tout à l'heure, l'aurait enchanté, maintenant il s'en formalise presque.

Il a le secret de ne se plaire nulle part et d'apporter partout le trouble et le désordre..

Vivre près de lui, c'est vivre dans une continuelle incertitude. On ne peut compter sur rien, tout se fait à contre-temps.

Ah ! gardez-vous, mes amis, de suivre cette funeste voie; jusque dans vos pensées, sachez vous conserver un doux sourire; gardez pour vous la tristesse et ne versez autour de vous que la paix et la joie.

II

Douceur et patience.

L'égalité d'humeur, ce trésor si précieux, a besoin pour se maintenir de l'exercice constant de plusieurs vertus, parmi lesquelles la douceur et la patience tiennent le premier rang.

Ouvrez l'Evangile, chers enfants, et lisez le

sermon sur la montagne. Qu'y trouvez-vous :

Bienheureux les pauvres !... Bienheureux les miséricordieux !... Bienheureux ceux qui sont doux !...

Et le Sauveur Jésus ajoute : *Parce qu'ils posséderont la terre.* C'est qu'en effet, par la douceur, on acquiert un véritable empire, l'empire du cœur !

La douceur triomphe souvent là où la force échouerait ; elle attire, elle captive, elle charme, elle attache.

Apprenez de moi que je suis doux et humble de cœur, vous dit le Sauveur Jésus dans l'Evangile.

Ah ! chers enfants, retenez ce précepte ; suivez ce divin conseil, et vous serez heureux !...

Soyez doux et aussi soyez patients. Donner beaucoup et exiger peu : c'est là, croyez-moi, la grande science de la vie.

Ainsi, en ce qui vous concerne, ayez en horreur toute espèce de susceptibilités et ménagez les susceptibilités des autres.

Guérissez-vous de ces frayeurs puériles qui empoisonnent la vie ; soyez braves contre la peur, vaillants contre toute crainte ; mais soyez indulgents pour les frayeurs de vos camarades ; gardez-vous de vous moquer d'eux et surtout gardez-vous de leur jouer aucun de ces mauvais tours qui consistent à effrayer un enfant peureux, au risque d'amener de graves accidents.

Sachez supporter gaiement la raillerie, et ne raillez jamais personne.

En un mot, soyez doux et patients ; méritez

cet éloge glorieux entre tous : « O l'aimable enfant ! quel bon caractère !... »

III

Simplicité et docilité.

L'enfant qui veut mériter cet éloge doit encore se montrer en toutes choses simple et docile.

Docile, parce que l'obéissance, qui est une vertu de tous les âges, est plus particulièrement indispensable pendant l'enfance et la jeunesse, alors que, n'ayant par soi-même aucune expérience de la vie, on ne peut trouver d'appui et de guide que dans l'expérience d'autrui.

Simple, parce que c'est la simplicité, le naturel qui donnent à l'homme, et surtout à l'enfant, leur plus grand charme.

Soyez-donc, chers enfants, toujours et en toute occasion, SIMPLES DANS VOS SENTIMENTS, afin que l'orgueil, la vanité, l'exagération ne les altèrent point.

SIMPLES DANS VOS MANIÈRES, afin de ne vous rendre ni repoussants, ni ridicules par l'emphase, la prétention, la froideur ou l'extrême amillarité.

SIMPLES DANS VOS HABITUDES, afin de savoir vous contenter de peu, vous plaire partout, et vous estimer bien et heureux toutes les fois que le strict nécessaire ne vous fera pas défaut.

IV

Sincérité et franchise.

Le vrai seul est aimable, a dit un écrivain qui était en même temps moraliste et poëte.

Si vous voulez être réellement aimables, soyez vrais, chers enfants, c'est-à-dire francs et sincères.

Vous le devez à titre de chrétiens ; vous le devez à titre de Français ; car, et peut-être n'avez-vous jamais fait cette remarque si glorieuse pour la France, notre belle patrie, c'est un des traits saillants de notre caractère national qui a donné son nom à cette grande et noble vertu sociale : *la franchise !* voici comment :

Autrefois, il y a quatorze siècles, quand nos pères, les Francs, vinrent en Gaule, leur loyauté, leur amour pour la vérité frappa si fortement les Gaulois et les Romains que, pour exprimer la sincérité spontanée et devenue par l'habitude comme naturelle à un individu, on disait : *Il est comme un Franc.* Plus tard, on simplifia : « Il est franc, » dit-on, et le mot franchise fut créé.

Maintenant que vous savez l'origine de cette épithète si enviable, vous voudrez la mériter tous, et tous, mes chers petits enfants, vous serez *francs* en toute occasion et coûte que coûte.

J'entends par là que, lors même qu'il s'agirait de vous épargner une gronderie, une punition, vous rougiriez de déguiser la vérité.

Mais n'allez pas, sous prétexte de *franchise*, vous montrer rudes et grossiers envers vos camarades. Souvenez-vous que si on ne doit jamais cacher la vérité, *toutes les vérités ne sont pas bonnes à dire*.

Ainsi, la franchise ne vous force pas à dire aux gens votre opinion sur eux ; à critiquer ce qui n'est pas de votre goût ; à poser des questions sur ce qui ne vous regarde pas ; à raconter vos affaires ou ce que vous pouvez savoir de celles des autres... Bien loin d'être une qualité, tout cela serait de l'indiscrétion et de l'impolitesse.

Voici un portrait de la franchise qui ne me semble pas au-dessus de votre portée et que chacun de vous, mes petits amis, devrait apprendre par cœur afin de s'y conformer :

Prudente et réservée, la franchise ne se permet ni la critique des absents, ni le blâme public des actions d'autrui ; mais, ferme et courageuse, elle ne se tait jamais devant les défauts de ses amis... Elle ne parle jamais contre sa conviction ; mais elle se tait lorsque le devoir ne lui impose pas de se faire entendre... Elle sait surtout ménager les faiblesses du prochain ; il n'est que les siennes pour lesquelles elle se montre sans pitié. »

V

Cordialité et complaisance.

Montrez-vous complaisants toutes les fois qu'on vous demandera quelque chose qui ne sera pas opposé à votre devoir.

Sachez faire taire vos propres désirs pour vous rendre aux vœux de vos camarades ; dans vos jeux, faites céder volontiers votre volonté à la leur, et vous vous ferez aimer, rechercher, et vous serez heureux.

Evitez les grandes intimités ; soyez bons camarades à tous, et montrez-vous serviables surtout aux faibles et aux timides. Prévenez-les, attirez-les, prenez à l'occasion leur défense contre qui voudrait les opprimer ; c'est là le devoir d'un bon cœur.

Mettez de la politesse dans toutes vos paroles, de la cordialité dans toutes vos actions, et votre charmant caractère vous fera rechercher et chérir ; et, après avoir été d'heureux enfants, vous deviendrez des hommes honorables.

VI

Compassion. — Humanité.

Avant de vous quitter, mes chers petits amis, un dernier avis : J'aime à croire que vous avez tous un excellent cœur, et, cependant, combien de fois laissez-vous échapper l'occasion d'en donner la preuve en vous montrant compatissants et empressés à venir en aide à un infirme, à rendre un petit service à un pauvre, à un vieillard, en accompagnant une aumône d'un mot aimable et bienveillant ou en y suppléant, si vous ne pouvez le faire, par une phrase bien sentie de regret !

Le respect pour toute souffrance et l'ardent désir de lui venir en aide, voilà cependant, chers enfants, non-seulement un des premiers devoirs de l'homme, mais encore la pierre de touche où l'on reconnaît la véritable bonté du cœur.

Je vais plus loin, et j'ajoute que la compassion pour la souffrance, qui est comme l'essence même de la loi chrétienne, doit s'étendre à toutes les créatures du bon Dieu et à celles surtout qui, sous le nom d'animaux domestiques, ont été plus spécialement créées pour notre service et pour notre usage.

Et voyez combien cette compassion, si agréable à Dieu, est estimée, puisque pour l'exprimer on n'a pas hésité à lui donner un nom qui rappelle ce qu'il y a de plus grand dans la création, l'homme lui-même ; on dit en effet, de celui qui est compatissant, qu'il est *humain*.

Ah ! chers amis, méritez ce beau titre ; soyez *humains*, étendez cette *humanité* à tout ce qui vit et respire ; songez, avant de tuer inutilement le moindre insecte, que le pouvoir du plus puissant monarque ne saurait ranimer cette vie que Dieu lui a donnée et que seul il s'est réservé le pouvoir de dispenser à son gré. Oui, chers, enfants, soyez bons et humains, et le Seigneur vous récompensera en vous accablant vous et vos familles, de ses plus précieuses bénédictions.

PROVERBES ET MAXIMES

La crainte de Dieu est le commencement de la sagesse.

Soyez bons les uns pour les autres.

Servir son prochain, c'est plaire à Dieu.

Le temps fuit ; il ne reviendra jamais.

L'oisiveté ressemble à la rouille : elle use beaucoup plus que le travail.

Le moyen de se rendre aimable, c'est d'aimer.

Comme on a semé, on moissonnera ; semez donc avec abondance, afin de moissonner abondamment.

Soyez toujours prêt à faire la volonté des autres, et n'exigez jamais qu'on fasse la vôtre.

La paresse est la mère de tous les vices ; qui ne veut pas travailler ne doit pas manger.

Il faut ou se taire, ou dire des choses qui valent mieux que le silence.

Bien dire et mieux faire.

Le meilleur moyen d'assurer son bonheur, c'est de s'occuper de celui des autres.

Ne faites pas à autrui ce que vous ne voudriez pas qu'on vous fît.

Faites à autrui ce que vous voudriez qu'on vous fît.

C'est une grande folie de vouloir être sage tout seul.

L'hypocrisie est un hommage que le vice rend à la vertu.

.... Tout flatteur
Vit aux dépens de celui qui l'écoute.

Quelque bien qu'on dise de nous, on ne nous apprend rien de nouveau.

La prospérité fait peu d'amis.

On a souvent besoin d'un plus petit que soi.

Les grandes pensées viennent du cœur.

Les réputations mal acquises se changent en mépris.

La méchanceté tient souvent lieu d'esprit.

Plus fait douceur que violence.

En toute chose, il faut considérer la fin.

Aide-toi, le ciel t'aidera.

On n'est jamais si heureux, ni si malheureux qu'on s'imagine.

Aimez-vous les uns les autres.

Chassez le naturel, il revient au galop.

On se fait pardonner la richesse par la charité.

Fais ce que dois, advienne que pourra.

Un sot trouve toujours un plus sot qui l'admire.

Dis-moi qui tu fréquentes, je te dirai qui tu es.

Qui donne aux pauvres prête à Dieu.

La mort d'une mère est le premier chagrin qu'on pleure sans elle.

Une grande partie de la vie se passe à mal faire, une autre à ne rien faire, et la totalité à faire autre chose que ce qu'on doit faire.

Vivre caché, c'est vivre heureux.

On ne peut servir deux maîtres à la fois.

Honorez votre père et votre mère.

La main gauche doit ignorer ce que fait la main droite.

Sachez commander à vos passions.

On voit une paille dans l'œil de son voisin et on ne voit pas une poutre dans le sien.

Un ami est un autre soi-même.

La critique est aisée, mais l'art est difficile.

Le travail procure à l'homme bien des consolations.

On ne loue d'ordinaire que pour être loué.

La paresse va si lentement que la pauvreté l'atteint bientôt.

On ne doit jamais rougir d'avouer qu'on a tort ; car en faisant cet aveu, on prouve qu'on est plus sage aujourd'hui qu'on était hier.

La parole est d'argent, mais le silence est d'or.

La plupart des ingrats n'oublient pas les bienfaits ; au contraire, ils s'en souviennent trop.

Se venger, quel plaisir ; pardonner, quel bonheur !

Ce que je sais, c'est que je ne sais rien.

Connais-toi toi-même.

La prudence est mère de sûreté.

> Ne forçons point notre talent ;
> Nous ne ferions rien avec grâce.

Un plaisir n'est jamais un plaisir véritable quand il fait le malheur d'autrui.

Sachons cacher notre bonheur pour en jouir longtemps.

Beaugency. Imp. Laffray.